SINTA
RAIVA

SUA SANTIDADE, O
DALAI LAMA

SINTA RAIVA

Tradução
Sandra Martha Dolinksy

2ª edição

Rio de Janeiro | 2021

CIP-BRASIL. CATALOGAÇÃO NA PUBLICAÇÃO
SINDICATO NACIONAL DOS EDITORES DE LIVROS, RJ

L216s
2ª ed.

Lama, Dalai
Sinta raiva / Dalai Lama, Noriyuki Ueda ; tradução Sandra Martha Dolinsky. – 2ª ed. – Rio de Janeiro : Best Seller, 2021.

Tradução de: Be Angry
ISBN 978-85-465-0218-9

1. Ira – Aspectos religiosos – Budismo. I. Ueda, Noriyuki. II. Dolinsky, Sandra Martha. III. Título.

20-63032

CDD: 294.3
CDU: 24-583

Leandra Felix da Cruz Candido – Bibliotecária – CRB-7/6135

Texto revisado segundo o novo Acordo Ortográfico da Língua Portuguesa.

Título original
Be Angry

Copyright © 2019 by Noriyuki Ueda
Copyright da tradução © 2019 by Editora Best Seller Ltda.

Todos os direitos reservados. Proibida a reprodução, no todo ou em parte, sem autorização prévia por escrito da editora, sejam quais forem os meios empregados.

Direitos exclusivos de publicação em língua portuguesa para o Brasil adquiridos pela
EDITORA BEST SELLER LTDA.
Rua Argentina, 171, parte, São Cristóvão
Rio de Janeiro, RJ — 20921-380
que se reserva a propriedade literária desta tradução

Impresso no Brasil

ISBN 978-85-465-0218-9

Seja um leitor preferencial Record.
Cadastre-se no site www.record.com.br
receba informações sobre nossos lançamentos e nossas promoções.

Atendimento e venda direta ao leitor
sac@record.com.br

Nota do editor

Parece antiético usar as palavras "raiva" e "Dalai Lama" na mesma frase, e principalmente no mesmo livro. Afinal, os ensinamentos da vida de Dalai Lama diziam respeito ao cultivo do amor e da compaixão. Mas, independentemente do que tenha a dizer sobre como *evitar* a raiva, ele também reconhece que essa é uma parte inevitável da condição humana. De acordo com o Dalai Lama: "De modo geral, se um ser humano nunca demonstra raiva, acho que há algo de errado. Ele não está bem da cabeça."

A raiva, quando não é reconhecida, e sim suprimida, pode nos destruir de dentro para fora. Mas existe uma raiva compassiva — usada não por arrogância, mas para proteger os outros.

No mundo em que vivemos, há muitas coisas dignas de raiva: injustiça, desigualdade social e econômica, racismo, ignorância...

Este livro está aqui para lhe dizer: "Sinta raiva."

Uma vez que reconhecemos a raiva — como a contemos, como a manifestamos, como reagimos a ela —, poderemos transformá-la em uma ação compassiva. Só depois disso poderemos trazer amor, paz e cura ao mundo.

Este livro foi compilado com base em uma entrevista com o Dalai Lama, conduzida por Noriyuki Ueda, um conhecido escritor, palestrante e antropólogo cultural japonês. Como pesquisador visitante do Centro de Estudos Budistas da Universidade de Stanford, ele deu uma série de vinte palestras sobre o budismo contemporâneo, durante as quais seus alunos o questionaram: "O budismo pode responder os problemas contemporâneos?"

Essa entrevista com o Dalai Lama traz a resposta.

RAIVA

No mundo real, a exploração existe, e há uma grande e injusta lacuna entre ricos e pobres. A questão é: de uma perspectiva budista, como devemos lidar com a desigualdade e a injustiça social? Sentir raiva e indignação diante de tais circunstâncias é uma atitude não budista?

Essa é uma pergunta interessante. Vamos começar analisando o assunto de um ponto de vista secular: a educação. O que ensinamos sobre a raiva?

Costumo dizer que deveríamos ter mais pesquisas e discussões sérias sobre nosso dito sistema educacional moderno, analisar se ele é adequado para desenvolver uma sociedade mais saudável.

Alguns cientistas americanos que conheço estão seriamente preocupados com problemas sociais. Ao longo dos anos, tivemos muitas conversas sobre o valor da compaixão, e alguns deles realizaram um experimento com estudantes universitários.

Durante um período de duas a três semanas, os alunos praticaram meditação atenta e deliberada (conhecida como *mindfulness*), e, após esse período, os cientistas investigaram quais mudanças haviam ocorrido em seus objetos de estudo. Eles relataram que, após esse período de meditação, os alunos se mostraram mais calmos, com mais clareza mental, se sentiam menos estressados e sua memória havia melhorado.

A University of British Columbia, no Canadá, criou uma instituição que realiza pesquisas sobre como cultivar a cordialidade nos alunos dentro do sistema educacional moderno. Pelo menos quatro ou cinco universidades dos Estados Unidos reconhecem que, nesse aspecto, falta algo na educação moderna.

Pesquisas para resolver esse problema e propor maneiras de melhorar o sistema estão finalmente sendo conduzidas.

A não ser que seja criado um movimento mundial para melhorar a educação e dar mais atenção à ética, esse trabalho levará muito tempo e será muito difícil.

Obviamente, na Rússia e na China existem os mesmos perigos, e na Índia também. Talvez a Índia esteja um pouco melhor nesse aspecto, devido a sua herança de valores espirituais tradicionais, embora eles provavelmente não pensem nessa questão dentro da lógica ou da razão.

O Japão é um país modernizado, portanto, ocidentalizado, por isso os problemas ocidentais também ocorrem por lá. Com a adoção de um sistema educacional moderno, os valores tradicionais e familiares passaram a sofrer as consequências. No Ocidente, o poder da Igreja e seu apoio à família diminuíram, e a sociedade percebeu os efeitos disso. No Japão, a influência das instituições religiosas também diminuiu e, com isso, as famílias sofreram.

Agora, vamos falar sobre o papel que os religiosos podem desempenhar na solução de problemas sociais. Todas as instituições religiosas têm os mesmos valores básicos — compaixão, amor, perdão, tolerância. Elas expressam e cultivam esses valores de maneiras diferentes. E as religiões que aceitam a existência de Deus adotam uma abordagem diferente daquelas, como o budismo, que não adotam. O atual papa é um teólogo muito sofisticado, e embora seja um líder religioso, enfatiza que a fé e a razão devem coexistir.

A religião baseada apenas na fé pode se transformar em misticismo, mas a razão dá uma base à fé e a torna relevante na vida cotidiana.

No budismo, desde o início, a fé e a razão devem andar sempre juntas. Sem a razão, a fé se torna cega, algo que o Buda rejeitava. Nossa fé deve ser baseada nos ensinamentos do Buda.

O Buda ensinou primeiro as Quatro Nobres Verdades, a base de toda a doutrina budista. Segundo elas, a lei de causa e efeito governa todas as coisas.

Ele rejeitava a ideia de um deus criador de todas as coisas. O budismo começa com a compreensão lógica de que toda a felicidade e sofrimento surgem de causas específicas. Portanto, o budismo é racional desde o início, principalmente nas escolas de budismo baseadas na tradição sânscrita, incluindo o budismo japonês — ou seja, o budismo que segue a grande tradição da Universidade Nalanda da Índia antiga.

De acordo com a tradição Nalanda, tudo deve ser entendido segundo a razão. Primeiro, devemos

"O BUDISMO COMEÇA COM A COMPREENSÃO LÓGICA DE QUE TODA A FELICIDADE E SOFRIMENTO SURGEM DE CAUSAS ESPECÍFICAS."

ser céticos e questionar tudo, como fazemos no mundo moderno. O ceticismo gera perguntas, as perguntas levam à investigação e a investigação e experimentação geram respostas.

Os budistas não acreditam nos ensinamentos de Buda só porque ele os expôs. Nós abordamos os ensinamentos com uma atitude cética, e depois investigamos se eles são verdadeiros. Quando sabemos que um ensinamento é realmente verdadeiro, podemos aceitá-lo.

Os ensinamentos budistas não são mero misticismo; eles são baseados na razão.

O budismo japonês diverge consideravelmente dessa abordagem baseada na razão. Por exemplo, no zen budismo, o objetivo é transcender a lógica verbal. Na fé Nembutsu (das seitas da Terra Pura), o

"O CETICISMO GERA PERGUNTAS, AS PERGUNTAS LEVAM À INVESTIGAÇÃO, E A INVESTIGAÇÃO E EXPERIMENTAÇÃO GERAM RESPOSTAS."

objetivo é confiarmos inteiramente no poder salvador de Amida Buddha.

Pelo fato de os budistas japoneses enfatizarem o ato de transcender a lógica e de se render, eles costumam dizer que as afirmações lógicas não são budistas de verdade, e concluem que as pessoas que pensam de maneira lógica alcançaram um baixo nível de entendimento budista ou que ainda não se renderam completamente.

Quando esses budistas dizem, por exemplo: "Não se confunda com a lógica. Apenas tenha fé", isso dá aos monges um pretexto para parar de investigar sua própria experiência de forma racional.

O budismo começa com nossos próprios questionamentos, e sua essência é a investigação deles.

Muitas vezes, entre os budistas, quando você faz suas próprias perguntas, as pessoas dizem que você não tem fé o bastante ou que ainda não praticou suficientemente o budismo.

Como resultado, muitos monges abandonam o esforço de pensar por si mesmos. Entregar-se aos ensinamentos do fundador de uma seita e acreditar absolutamente neles, sem questioná-los, pode parecer, a princípio, um ato que vem de uma mente de profunda fé; mas esse ato sempre traz a possibilidade daquilo que chamamos de fé cega.

E não só isso; pessoas com uma fé cega acabam desencorajando os jovens que procuram investigar as coisas por si mesmos.

Como os jovens atualmente questionam os ensinamentos tradicionais porque fazem questionamentos

"O BUDISMO COMEÇA COM NOSSOS PRÓPRIOS QUESTIONAMENTOS, E SUA ESSÊNCIA É A INVESTIGAÇÃO DELES."

sérios e procuram investigá-los profundamente, o budismo tradicional pode lhes oferecer sabedoria. Se esses questionamentos forem desconsiderados desde o início, a oportunidade de investigar profundamente os ensinamentos budistas será perdida, e o budismo nunca se tornará relevante para nós.

Ritual e significado

Nos templos japoneses e em muitas instituições monásticas tibetanas, os monges realizam rituais sem saber nada sobre seus significados, e não têm vontade de estudar a doutrina budista. O ritual é apenas um meio de ganhar dinheiro. Eles não estão preocupados com o nirvana ou com a próxima vida. Só pensam em ganhar dinheiro nesta vida. Se as pessoas fazem oferendas, os monges ficam felizes. Essa mesma situação também existe na China e em muitas igrejas cristãs ao redor do mundo.

Em alguns mosteiros no Tibete, os monges que não estudam frequentemente realizam rituais sem saber o significado dos sutras. É por isso que, desde que me exilei na Índia, disse várias vezes que devemos estudar os sutras. Sejamos tibetanos, chineses ou japoneses: devemos nos tornar budistas do século XXI. Para aceitarmos nossa religião, devemos entender seu significado. Assim, demonstramos seriedade para com a nossa fé e sua prática. Caso contrário, não passa de modismo.

"SE PRATICARMOS O BUDISMO APENAS NO ÂMBITO DO RITUAL, ELE NUNCA PODERÁ NOS AJUDAR A RESOLVER OS PROBLEMAS SOCIAIS DE HOJE."

Desde minha primeira visita ao Japão, na década de 1960, tive a impressão de que os monges realizam muitos rituais, mas não dão muita atenção ao estudo da doutrina budista. Professores e acadêmicos universitários são os detentores de conhecimento. Sejam budistas ou não, eles têm muito mais conhecimento.

Felizmente, entre os monges tibetanos existem verdadeiros estudiosos que possuem amplo e profundo conhecimento, resultado de trinta anos de estudo. Pessoas de fé cega vão ao templo quando alguém morre, e um monge recitará sutras. Mas se praticarmos o budismo apenas no âmbito do ritual, ele nunca poderá nos ajudar a resolver os problemas sociais de hoje.

O budismo como uma "ciência da mente"

O mais importante é promover, por meio da educação, os valores humanos como o fundamento da vida cotidiana.

Eu também acho importante não pensar no budismo como uma religião, mas como uma "ciência da mente". Assim, ele tem um potencial maior para ajudar a promover valores humanos básicos.

Como uma ciência da mente, o conhecimento budista pode ser usado para aprimorar a educação secular e, dessa maneira, ajudar os estudantes a desenvolverem as qualidades de afeto e bondade que os seres humanos originalmente possuem.

"QUANDO UM BUDISTA VÊ UMA SITUAÇÃO DE POBREZA OU INJUSTIÇA, ELE NÃO DEVE PERMANECER INDIFERENTE."

No Ocidente, os cientistas estão começando a fazer uso de técnicas budistas — não de forma religiosa, mas como um conjunto de técnicas científicas —, como a meditação e análise da mente.

Tradicionalmente, o budismo se divide nos chamados Hinayāna ("Veículo Menor" ou "Veículo modesto") e Mahāyāna ("Veículo Maior" ou "Veículo Vasto"). A doutrina Hinayāna nos ensina a não prejudicar outros seres vivos; a Mahāyāna enfatiza não apenas não fazer mal aos outros, mas também ajudá-los. Portanto, quando um budista vê uma situação de pobreza ou injustiça, ele não deve permanecer indiferente.

Na Igreja Católica da América Latina, alguns líderes se preocupam muito com a injustiça social; portanto, são considerados de esquerda.

Quando os religiosos se envolvem demais no ativismo social, seu trabalho se torna político. E no Sri Lanka? E no Japão? Ouvi dizer que na Coreia alguns monges são bastante ativos no campo político. Desconheço os detalhes, mas foi o que ouvi.

Acho que o debate sobre a teologia da libertação, sobre as atividades políticas da Igreja na América Latina pelo bem dos membros mais vulneráveis da sociedade ainda está se desenrolando. De qualquer forma, é um grande esforço que não podemos ignorar.

No Sri Lanka, alguns monges também se envolvem na política. Mas, por causa da guerra civil entre as muitas seitas budistas cingalesas e as poucas hindus tâmiles, a ação política pode fazer com que

"A RAIVA TRAZ MAIS ENERGIA, MAIS DETERMINAÇÃO, MAIS AÇÃO PARA CORRIGIR A INJUSTIÇA."

o budismo pareça vinculado ao nacionalismo cingalês, então é um problema difícil.

De qualquer forma, o budismo Hinayāna é criticado como o "Veículo Menor" que faz da libertação individual seu objetivo, focando no benefício próprio; por outro lado, o budismo Mahāyāna se desenvolveu com ênfase na prática altruísta para a salvação dos outros, então sua natureza é fundamentalmente social.

A raiva compassiva

Ao se deparar com a injustiça econômica ou de qualquer outro tipo, é completamente errado que um religioso permaneça indiferente. Os religiosos devem lutar para resolver esses problemas.

"A MOTIVAÇÃO PROFUNDA É A COMPAIXÃO, MAS A RAIVA É NECESSÁRIA COMO MEIO PARA ALCANÇAR SEUS FINS."

Aqui, a questão é como lidar com a raiva. Existem dois tipos de raiva. Um deles surge da compaixão; esse tipo de raiva é útil. A raiva motivada pela compaixão ou pelo desejo de corrigir injustiças sociais, e não de prejudicar outra pessoa, é uma raiva boa que vale a pena ser sentida.

Por exemplo, um bom pai, por preocupação com o comportamento de seu filho, pode usar palavras duras ou até mesmo puni-lo. Ele pode ficar aborrecido com a criança, mas não há nenhuma sombra de desejo de fazer mal ao filho.

Os templos japoneses costumam consagrar a feroz manifestação de Acala, divindade budista. Acala tem essa expressão feroz não por ódio ou desejo de prejudicar seres sencientes, mas sim por se preocupar com eles, para corrigir seus erros, como o desejo dos pais de corrigir os erros de um filho.

"QUANDO AGIMOS, O ATO SURGE DE UMA CAUSA QUE JÁ EXISTE DENTRO DE NÓS."

A raiva traz mais energia, mais determinação, mais ação para corrigir a injustiça.

A motivação profunda é a compaixão, mas é preciso raiva para alcançar seus fins.

Para usar a raiva como força motivadora, devemos mudar seu estado, transformá-la em algo positivo? Ou devemos mantê-la como ela é?

A resposta para essa pergunta é o estado de espírito da pessoa — ou seja, a motivação que causa a ação. Quando agimos, o ato surge de uma causa que já existe dentro de nós.

Se agirmos quando nossa motivação interna for o ódio por outra pessoa, então esse ódio, expresso como raiva, levará a ações destrutivas. Essa é uma ação negativa. Mas, se agirmos com consideração pelo outro, se formos motivados por afeto e compaixão,

"O ÓDIO EXPRESSO COMO RAIVA LEVA A AÇÕES DESTRUTIVAS. A COMPAIXÃO EXPRESSA COMO RAIVA LEVA A MUDANÇAS POSITIVAS."

então poderemos agir com raiva, porque estaremos preocupados com o bem-estar dessa pessoa.

Dessa maneira, os pais agem por se preocuparem com o filho. Se uma criança está brincando com veneno, por exemplo, existe o risco de ela levá-lo à boca. Essa é uma emergência, e os pais podem gritar com a criança ou bater nas mãos dela, mas só por genuína preocupação, para impedi-la de fazer algo perigoso. Assim que a criança solta o veneno, a raiva dos pais se esvai. Isso ocorre porque a raiva foi direcionada às ações da criança que poderiam prejudicá-la, e não à própria criança. Nesse caso, é correto tomar as medidas necessárias para interromper a ação, seja por meio da raiva, de gritos ou tapas.

Por outro lado, quando a raiva é direcionada à pessoa, e não à ação, caso haja maus sentimentos em relação à pessoa, a raiva persistirá por algum tempo. Quando alguém tenta prejudicá-lo, ou você acha que foi prejudicado, você sente algo negativo em relação a essa pessoa, e mesmo que ela não esteja mais agindo da mesma forma, você ainda se sente desconfortável em relação a ela. No caso de pais e filhos, assim que a ação errada da criança é interrompida, a raiva desaparece. Esses dois tipos de raiva são muito diferentes.

Mas e a raiva pela injustiça social? Ela dura muito tempo ou até a injustiça desaparecer?

A raiva pela injustiça social durará até que o objetivo seja alcançado. Ela precisa durar.

Nesse caso, devemos continuar alimentando a raiva. Esse sentimento é direcionado à própria injustiça social, acompanhado da luta para corrigi-la,

"A RAIVA PELA INJUSTIÇA SOCIAL DURARÁ ATÉ QUE O OBJETIVO SEJA ALCANÇADO. ELA PRECISA DURAR. DEVEMOS CONTINUAR ALIMENTANDO A RAIVA."

de forma que a raiva deve durar até que o objetivo seja alcançado. Ela é necessária para impedir a injustiça social e ações destrutivas e erradas.

Por exemplo, uma atitude negativa ou drástica em relação às transgressões chinesas, como violações de direitos humanos e tortura, permanecerá enquanto essas ações continuarem. Sentiremos raiva enquanto houver injustiça.

Apegos bons e ruins

Muitos dos monges japoneses que conheço que estão engajados em várias formas de ação social são inspirados pela raiva ou indignação; mas outros monges dizem que eles ainda não são iluminados e possuem um baixo nível de conhecimento budista.

"AS PESSOAS FREQUENTEMENTE CONFUNDEM DESAPEGO COM INDIFERENÇA."

O budismo japonês ensina que independentemente de a raiva se basear ou não na compaixão, devemos suprimi-la. Mesmo diante de injustiças sociais, mesmo que coisas terríveis estejam acontecendo, sentir raiva não é algo budista — é um ultraje contra sua doutrina. Ao mesmo tempo, muitos monges ficam com raiva por coisas triviais.

Acho que estamos falando aqui sobre entender a raiva em um nível intelectual.

Certa vez, conversei com uma mulher suíça rica que me perguntou sobre apego. O budismo ensina que devemos superar o apego, mas as pessoas frequentemente confundem desapego com indiferença. Essa mulher achava que superar o apego significava nem sequer reconhecer as coisas boas como boas. Por exemplo, ela me perguntou

"O TIPO DE APEGO QUE DEVEMOS DESCARTAR É O DESEJO BASEADO EM VISÕES TENDENCIOSAS...

..."O INESTIMÁVEL DESEJO DE UM CORAÇÃO IMPARCIAL NÃO É O TIPO DE APEGO QUE DEVEMOS DESCARTAR."

se a mente que busca iluminação não é apegada à iluminação, e se não devemos nos livrar desse apego. Mas o apego da mente que busca a iluminação é um tipo de apego que devemos manter, não descartar. O apego que busca o que é bom vale a pena.

Ela também disse que, sem apego, não poderia se envolver verdadeiramente na prática altruísta. Mas essa também é uma visão equivocada. O tipo de apego que devemos descartar é o desejo baseado em visões tendenciosas. Eu disse que os bodhisattvas têm muitos apegos. O inestimável desejo de um coração imparcial não é o tipo de apego que devemos descartar.

No budismo, livrar-se do apego significa se livrar de desejos equivocados, mas ainda precisamos de bons e valiosos desejos, e eles não devem ser descartados.

Desejos valiosos e bons, como a mente que busca iluminação, não são o tipo de desejo que o budismo nos ensina a superar. Para a realização da boa mente, que tem objetivos maiores, como a iluminação, precisamos superar a mente apegada, que tem apenas objetivos pequenos e baseados em visões tendenciosas.

Pode ser difícil entender essa ideia, já que usamos a palavra "apego" para nos referir aos dois tipos de desejo. Mas vale a pena manter a mente que busca coisas boas, como a iluminação, enquanto a mente apegada deve ser extinta.

Em teoria, a verdade é que a raiva nunca é boa, e devemos nos livrar de todo tipo de apego. Mas

"A RAIVA É RUIM EM TEORIA, E DEVEMOS NOS LIVRAR DO APEGO, MAS PRECISAMOS DIFERENCIAR TEORIA DE PRÁTICA."

quando realmente enfrentamos a injustiça social e pensamos em como corrigi-la, nem toda raiva é ruim, e não devemos tentar superar todo apego. A raiva é ruim na teoria, e devemos nos livrar do apego — mas, na prática, não podemos negá-los completamente. Precisamos diferenciar teoria de prática.

Compreender esses dois tipos de apego — bom e mau — pode abrir nossos olhos. A maioria das pessoas se confunde com a questão do apego.

No budismo japonês, um pequeno número de Zens, Shingon e outros monges muito influentes dizem que são iluminados e desapegados das coisas materiais, por isso, mesmo que tenham vários carros estrangeiros caros, relógios Rolex, que acariciem gueixas todas as noites e gastem quantias inacreditáveis de dinheiro, não tem problema, porque são "desapegados".

Qualquer pessoa comum pensaria que essa discrepância é estranha. Os monges, no budismo, usam a lógica de superar o apego para justificar suas ações. O comportamento desses poucos monges já afastou muitos japoneses da fé budista e os fez considerá-la perda de tempo.

Superar o apego não significa se tornar indiferente. O apego ruim deve ser abandonado, mas o apego bom deve ser mantido conforme continuamos nos esforçando para melhorar.

Segundo os ensinamentos esotéricos tibetanos de Dzogchen, quando passamos por uma formação religiosa, devemos ter o conhecimento certo sobre como agir e como não agir. Esses monges que

"SUPERAR O APEGO NÃO SIGNIFICA SE TORNAR INDIFERENTE."

dizem não ter mais apegos estão, na verdade, desfrutando de muitas coisas do mundo. Eles deveriam ter um entendimento interior, mas se comportam de maneira errada, que revela exatamente o oposto. Temos que expressar, na prática, o que entendemos em nosso interior. Eles dizem que entendem, mas suas ações mostram que seu entendimento é falso.

A prática dos preceitos (Vinaya), que desempenha um papel importante no budismo, oferece muitos conselhos práticos. O Zen e outras formas de prática "superiores" levam a compreensão mental mais a sério do que as ações físicas na vida cotidiana, que consideram insignificantes, uma vez que essas ações pertencem a um nível mais baixo de existência.

Acho que os Vinaya não são muito praticados em mosteiros budistas japoneses. O mesmo acontece na sociedade tibetana. Muitos monges que vivem nos Estados Unidos dizem ter alcançado uma iluminação profunda, e já que estão envolvidos em um nível tão alto de prática religiosa, o que eles fazem não importa. Então, esses monges se comportam como qualquer pessoa do mundo. É claro que, na prática budista, independentemente do que a pessoa entenda em seu interior, ela deve manter os preceitos, e esse tipo de comportamento é evidência de que ela não os está praticando.

Em geral, como a espiritualidade é vista como algo muito importante, a iluminação é enfatizada em excesso, e tendemos a desconsiderar os

"COMO A ESPIRITUALIDADE É VISTA COMO ALGO MUITO IMPORTANTE, A ILUMINAÇÃO É ENFATIZADA EM EXCESSO, E TENDEMOS A DESCONSIDERAR O COMPORTAMENTO NA VIDA COTIDIANA."

comportamentos na vida cotidiana por serem pertencentes a um nível inferior. O comportamento desses monges que descrevi diz mais sobre o tipo de pessoas que são do que sobre o budismo japonês.

Mas, o fato de existirem e de às vezes exercerem considerável autoridade em suas comunidades, reflete problemas inerentes ao budismo japonês. É claro que no Japão também existem muitos monges que merecem sincero respeito.

Conhecimento e prática

Nos mosteiros tibetanos, existe a tendência de os monges estudarem o significado dos sutras, mas não de acalmar suas mentes através da prática. Eles adquirem conhecimento, mas não o praticam.

Desde os tempos antigos, os monges dos mosteiros estudavam os sutras e, ao mesmo tempo, eram ensinados sobre o sistema Lamrim (ou a "Grande exposição sobre as etapas do caminho", do grande monge erudito tibetano Tsongkhapa, 1357-1419), que tem como foco acalmar a mente e transformar a personalidade. Recentemente, porém, nossos monges têm focado mais nos sutras e menos em Lamrim. Depende do mestre que está ensinando, mas se ele for um grande mestre, ensinará não apenas os sutras, mas também bons métodos para acalmar a mente e melhorar a si mesmo.

Se um mestre oferece apenas conhecimento, não importa quanto seu discípulo saiba sobre os sutras, ele ainda pode ser arrogante, ciumento e ignorante, e sua mente não se aquietará. Esses são sinais de que uma pessoa estudou, mas não se dedicou à pratica.

O Buda ensinou com clareza que, mesmo que a pessoa tenha um grande conhecimento, se sua mente não estiver quieta, então o conhecimento será inútil. Tsongkhapa compôs um gatha (verso de quatro linhas) que diz: "Mesmo que alguém ouça muitos ensinamentos, se seu coração não estiver calmo, ele não os terá praticado". Quando recebemos ensinamentos de um mestre, não devemos aceitá-los apenas intelectualmente; devemos levá-los a sério e usá-los para acalmar nossa mente. Nos mosteiros tibetanos, os monges aprendem não apenas a recitar sutras, mas também os ensinamentos de Lamrim. Assim, eles levam o significado dos sutras para dentro de seu coração e os utilizam para direcionar a mente de maneira positiva.

O dilema da modernização e da fé

Até agora, no budismo tradicional, o conhecimento era transmitido de mestre para discípulo. O mestre dava muita atenção a cada estágio do aprendizado e crescimento espiritual do discípulo e transmitia apenas o conhecimento e a prática que eram apropriados para aquela fase do desenvolvimento.

Desde a antiguidade, a educação budista foi passada de mestre para discípulo dessa maneira flexível. No Japão, algumas pessoas argumentam que o conhecimento budista não deve ser transmitido em um ambiente formal como uma universidade, fora do contexto de uma relação mestre-discípulo, onde pode estar sujeito a sérias interpretações errôneas.

Alguns mosteiros no Tibete também estão se assemelhando a universidades. Alguns são até chamados assim. É claro que, em seus programas de estudos budistas, eles oferecem cursos individuais como em qualquer outra universidade, mas a diferença entre essas instituições e as universidades comuns é que os ensinamentos de tais instituições geralmente enfatizam que os discípulos devem transformar seus corações por meio dos ensinamentos de Lamrim. Elas ensinam de forma explícita quais tipos de ações devem ser cultivados e quais devem ser superados. Essas instituições podem se chamar universidades, mas sua abordagem as diferencia.

Os tibetanos exilados na Índia, entretanto, passam pelo sistema educacional comum, e cada vez menos jovens estão entrando nos mosteiros depois de concluírem sua educação secular. Os jovens provenientes do Tibete, que ainda não têm um entendimento exato dessa situação, provavelmente ainda entram nos mosteiros.

Recentemente, muitas pessoas acabaram imigrando para os Estados Unidos e outros países ocidentais, e o número de monges que entram nos mosteiros para estudar o budismo está diminuindo. Existe o perigo de que, quando eles saírem das escolas do sistema educacional moderno e comum, não se interessem muito por religião.

O que acontecerá se o Tibete se tornar uma sociedade moderna? Certamente, cada vez menos pessoas entrarão nos mosteiros.

Se os tibetanos adotarem um sistema educacional moderno, e, consequentemente, sua maneira de ganhar a vida mudar, os mosteiros poderão se tornar meras instituições acadêmicas. Isso seria muito perigoso para a sociedade tibetana.

O que deveríamos fazer? Deveríamos manter o foco mais no ensino do budismo nas escolas. Se elaborarmos uma política para incorporar o estudo do budismo nas escolas dentro do sistema educacional moderno também, então as pessoas que saírem dessas escolas ainda terão conhecimento e interesse no budismo, e algumas poderão decidir entrar nos mosteiros e transformar suas mentes. Para que isso aconteça, também devemos criar universidades e instituições budistas nas quais jovens leigos comuns, homens ou mulheres, possam estudar.

Se todos eles entrassem nos mosteiros e se tornassem monges e monjas, veríamos que muitos deles nunca deveriam ter entrado ali.

É necessário criar essas universidades para jovens interessados em praticar o budismo e polir suas mentes leigas.

O Instituto de Dialética Budista, em Dharamsala, não admite mulheres tibetanas. Essa política está sendo debatida, mas nenhuma decisão foi tomada.

Essa situação definitivamente deve ser mudada, para que mulheres leigas tenham acesso a um lugar para estudar o budismo. Algumas mulheres tibetanas que se inscreveram no Instituto de Dialética Budista, mas não foram admitidas, agora estão estudando no convento Instituto Jamyang Choling. Conversei com um dos professores, o *geshe* do mosteiro de Loseling (no sul da Índia), e vi que essas mulheres são alunas extremamente talentosas e apaixonadas pelo budismo. Devemos criar instituições onde mulheres assim possam estudar.

Certamente, seria difícil para os mosteiros começarem a admitir leigos, mas todos os homens e mulheres, leigos ou monásticos, deveriam ter lugares para estudar o budismo. Pais com uma boa educação budista podem transmitir esse conhecimento e prática para seus filhos. O Instituto de Dialética Budista admite estrangeiros, mas ainda está fechado para as leigas tibetanas.

Competição e raiva

Muito bem. Voltando à questão de como criar uma sociedade altruísta, quero falar sobre o significado de competição.

Cada vez mais, a sociedade moderna é governada por uma dura competição, algo que torna a vida muito difícil. Um dos problemas é o nosso desejo de nos tornarmos uma sociedade competitiva, mas o outro é que aqueles que criticam essa competitividade tendem a enfatizar apenas o lado negativo. Mas acredito que a competição também pode ser muito valiosa.

Acho que existem dois tipos de competição. Primeiro, existe o tipo que nos permite empoderar uns aos outros. Por exemplo, nas artes marciais como o judô e o kendo, quando duas pessoas competem, não se trata de vencer ou perder, mas de lutar como rivais que aprimoram as forças um do outro, e isso é ótimo.

Hoje em dia, porém, em uma sociedade mais avançada, adotamos um tipo de competição ocidental (americana) que determina um vencedor e um perdedor. O resultado é que o vencedor leva tudo e o perdedor sofre, e não importa quão difícil seja sua vida, ele tem que suportar, porque perdeu a competição.

"ESSE TIPO DE COMPETIÇÃO QUE CRIA 'VENCEDORES' E 'PERDEDORES' CAUSA FELICIDADE E RAIVA".

Esse tipo de competição que produz um vencedor e um perdedor, um time que ganha e um que perde, está se tornando mais prevalente.

Esse tipo de competição que cria "vencedores" e "perdedores" causa felicidade e raiva.

Faço uma distinção entre o tipo de competição boa, que vale a pena, e o tipo que não vale. No melhor tipo de competição, pretendemos atingir um objetivo específico, e quando analisamos as boas qualidades que os outros possuem, queremos alcançar o mesmo. Esse tipo de competição é positivo.

No budismo dizemos: "Refugie-se nos três tesouros: Buda, darma e sanga", e, de certa forma, sentimos uma espécie de rivalidade em relação aos "três tesouros".

"QUANTO MAIS PREVALENTE SE TORNAR ESSE TIPO DE COMPETIÇÃO, MAIS PROBLEMAS ELA CRIARÁ EM UMA SOCIEDADE."

Buda e sanga (comunidade monástica) devem ser nossos modelos, para que possamos nos esforçar para alcançar um estado superior. Essa competição é positiva e necessária para nosso desenvolvimento.

Depois, há o tipo negativo de competição, que deve ser superado. Esse é o tipo de competição que traça uma linha e diz: "Eu sou o vencedor e você é o perdedor."

Nesse tipo de competição, tentamos prejudicar o outro e nos colocar em primeiro lugar e, dessa maneira, criamos nosso próprio inimigo.

Quanto mais prevalente se tornar esse tipo de competição, mais problemas ela criará em uma sociedade. Mas um espírito de competição positivo permite que nos elevemos e ajudemos mutuamente, para que todos cheguem ao topo.

"A COMPAIXÃO APROXIMA
A COMUNIDADE, MAS A RAIVA
FAZ O OPOSTO."

Existem muitos tipos de competição no mundo. No ano passado, eu vi que, nos Estados Unidos, competir tem tudo a ver com ganhar e perder. Mesmo que eu ganhe hoje, posso perder amanhã, então a dura realidade é que minha mente nunca poderá descansar.

O mesmo acontece na China. Lá, quando você perde, tudo acaba. (Faz um gesto de cortar a garganta, ri.)

No Japão, também. Até agora, a competição nesse país permitia que as pessoas se inspirassem mutuamente. Elas confiavam umas nas outras e na sociedade. Mas, agora, a competição é a lei da selva, do tipo que determina um time vencedor e um time perdedor. Isso causa falta de respeito e de confiança mútua.

A competição ruim faz com que se perca confiança na sociedade.

O espírito de serviço social do Buda

Os ensinamentos budistas consideram o sofrimento humano como ponto de partida, e hoje também devemos começar a nos perguntar que tipo de sofrimento enfrentamos atualmente.

Quando os monges simplesmente dão seus sermões, preparados com antecedência, sem dar atenção ao verdadeiro sofrimento das pessoas, podem até falar sobre o budismo, mas a maneira de explicar as coisas não é budista. A abordagem deles está muito distante do desejo original de Śakyamuni de salvar as pessoas do sofrimento.

Nos anos 1960, tive a oportunidade de visitar a Tailândia várias vezes. Em uma ocasião, conversei com o chefe supremo do budismo monástico tailandês, o Sangharaja, e disse a ele: "Nossos irmãos e irmãs cristãos trabalham verdadeiramente pelo bem da sociedade, na educação, na medicina e no bem-estar. Tradicionalmente, nós, budistas, não praticamos essas atividades, mas acho que devemos aprender algumas delas com nossos irmãos e irmãs cristãos."

Mas o Sangharaja me disse: "Não. Nós, monges budistas, devemos continuar isolados da sociedade."

É verdade. O Vinaya diz que os monges devem se isolar da sociedade. Mas isso não significa que devemos evitar qualquer envolvimento útil ou benéfico na sociedade.

O Vinaya diz que um monge deve viver em um lugar pacífico, isolado das pessoas do mundo, seguir as regras monásticas e um modo de vida puro, mas isso não significa não poder se dedicar ao serviço à sociedade, incluindo assistência social, bem-estar ou educação.

O próprio Buda é um bom exemplo. Um dia, ele notou que havia um monge muito doente, cujo corpo estava sujo porque ninguém cuidara dele. Então, o próprio Buda pegou água e a derramou sobre ele, e pediu ao seu discípulo Ananda que lavasse o corpo do monge doente.

O Buda não apenas pregou, mas também agiu. Isso é o verdadeiro serviço social. Como Jesus Cristo, nós, seguidores de Buda, devemos ter o mesmo espírito de ajudar os doentes e pobres e trabalhar em prol da educação moderna.

Na tradição monástica tailandesa, os monges podem viver de acordo com o Vinaya, isolados da vida mundana, mas também devem imitar as atividades de caridade do próprio Buda. Ambos os aspectos da vida religiosa devem ser entendidos e unidos corretamente. A regra que diz que monges e monjas budistas devem se isolar da sociedade mundana não significa que eles sejam proibidos de realizar qualquer tipo de trabalho social.

Ouvi dizer que, recentemente, na Tailândia, com sua tradição Hinayana de lutar pela autolibertação, um número pequeno porém crescente de monges está se envolvendo com ações sociais.

A partir da década de 1970, alguns monges tailandeses começaram a praticar ações sociais. Eles são conhecidos como "monges do desenvolvimento" e

"A FORMAÇÃO BUDISTA SE BASEIA NA PRÁTICA DA COMPAIXÃO. E A COMPAIXÃO DEVE SER IMPLEMENTADA NA FORMA DE SERVIÇO SOCIAL. ISSO É CRUCIAL."

estão envolvidos em atividades como a construção de clínicas para pacientes com AIDS e o desenvolvimento de programas de ajuda recíproca para os pobres.

Também ouvi falar de monges envolvidos com questões ambientais. Mas, de um modo geral, não sei muito a esse respeito. De qualquer forma, nossos irmãos e irmãs cristãos são muito mais ativos no serviço social.

A formação budista se baseia na prática de *karuna*, ou compaixão. E a compaixão deve ser implementada na forma de serviço social. Isso é crucial.

Segundo o budismo, não é Deus que determina tudo; nós mesmos criamos o mundo. O budismo é um ensinamento que começa ao fortalecer a subjetividade individual.

Sentir raiva é algo muito subjetivo. Sentir raiva de maneira positiva significa abrir os olhos para o sofrimento do mundo, para a injustiça social.

Refugiar-se no Buda não significa confiar tudo às suas mãos; significa aceitar um espírito positivo de rivalidade com o Buda, declarar nossa própria determinação de nos tornarmos budas.

Esse ato traz à tona o poder latente em mim, para que eu tenha orgulho, compaixão e bondade para me aperfeiçoar e agir no mundo.

Às vezes, posso sentir uma raiva compassiva, e abandonarei apegos que devem ser abandonados, mas me segurarei firmemente ao apego do Bodhisattva de aliviar o sofrimento do mundo.

Transcendendo o sofrimento

Eu gostaria de enfatizar a importância do caminho do meio. O caminho do meio é muito importante no budismo, mas não significa simplesmente ficar no meio, evitando os extremos.

O próprio Buda era um príncipe e desfrutou de uma vida de prazeres mundanos no palácio; mas, depois, renunciou ao mundo e foi viver como um asceta longe da civilização humana, onde praticou jejum e austeridades até quase morrer.

Mesmo por meio dessas práticas ascéticas, ele não alcançou a iluminação, então, saiu da floresta, curou sua mente e seu corpo e, depois, mergulhou na meditação e alcançou a iluminação.

O caminho do meio significa evitar extremos de prazer e dor, mas isso não quer dizer que devemos ficar no meio desde o início.

Às vezes, visitamos lugares onde as pessoas estão sofrendo para experimentar o que estão passando e, outras vezes, isolamo-nos em silêncio em um mosteiro.

No budismo, o verdadeiro significado do caminho do meio é passar de forma dinâmica entre os dois, vivenciando ambos. Às vezes, monges e budistas não abordam o problema real do sofrimento, porque erroneamente pensam que o caminho do meio significa apenas se sentar confortavelmente no centro, evitando extremos, sem fazer nada.

O sofrimento deveria nos causar raiva. Esse tipo de raiva nos leva a uma raiva compassiva, então atuamos para acabar com o sofrimento.

"NÃO SIGNIFICARÁ NADA SAIR SIMPLESMENTE REPETINDO QUE O BUDA ENSINOU QUE A PAZ É IMPORTANTE. PRECISAMOS ENFRENTAR A VIOLÊNCIA NO MUNDO EXTERNO."

É frequente que pessoas se reúnam em grandes eventos pela paz mundial. Mas será que achamos que a paz mundial é importante porque o Buda ensinou que é? Ou é importante porque estamos profundamente convencidos de que devemos fazer algo para ajudar a situação do mundo?

Não é suficiente querer a paz só porque o Buda ensinou que ela é importante.

Não importa quanto tenhamos experimentado o horror da violência, se não estivermos convencidos da necessidade de paz, não significará nada simplesmente repetir que o Buda ensinou que a paz é importante. Não basta meditar em silêncio no mosteiro — precisamos enfrentar a violência no mundo externo.

É tolice dizer que o caminho do meio significa ser indiferente à realidade ou sequer conhecer os outros extremos.

O Buda ensinou a necessidade de paz. É claro que podemos perguntar por que ele ensinou que a paz é importante.

Por quê?

Sabemos que a violência causa sofrimento. Portanto, podemos buscar a paz por pensarmos que, para nos livrarmos desse sofrimento, temos que acabar com a violência. Precisamos, em nossas próprias experiências, ter os ensinamentos do Buda e a consciência na qual eles se baseiam.

Se observarmos a história de vida do Buda, fica claro por que ele ensinou o caminho do meio. Ele ensinou com base em sua própria experiência. O Buda começou sendo um jovem príncipe de uma família rica, muito mimado, e não sabia que, após nascerem, os seres humanos experimentam a velhice, a doença e a morte.

"TODOS OS ENSINAMENTOS DO BUDA SÃO BASEADOS EM SUA PRÓPRIA EXPERIÊNCIA."

Abençoado de todas as maneiras, o Buda nunca imaginou que envelheceria, adoeceria e morreria. Porém, quando saiu do palácio e viu a vida das pessoas na cidade, dos enfermos, dos velhos e dos moribundos, ele entendeu, pela primeira vez, essa realidade.

O Buda ficou surpreso ao ver com seus próprios olhos pessoas que passavam pelo sofrimento do nascimento, da velhice, da doença e da morte, e percebeu que, mais cedo ou mais tarde, ele também experimentaria essas coisas.

Então, pela primeira vez, ele percebeu a realidade do sofrimento humano. Ele abandonou seu estilo de vida rico e sua posição como príncipe, renunciou ao mundo, partiu sozinho para receber uma formação religiosa e praticou austeridades durante seis anos. Durante esse período, ele frequentemente jejuava, mas, por fim, percebeu que o jejum e outros esforços físicos não eram suficientes.

Ele percebeu que precisava usar sua inteligência, então interrompeu suas práticas ascéticas e começou a comer de novo.

Quando usou sua inteligência para cultivar a sabedoria, ele alcançou a iluminação pela primeira vez.

Todos os ensinamentos do Buda são baseados em sua própria experiência. Primeiro, devemos nos conscientizar do sofrimento. Mesmo sem tentar, mais cedo ou mais tarde todos nós vivenciamos o sofrimento e queremos acabar com ele.

Para eliminar o sofrimento, precisamos entender que as práticas físicas ascéticas não são suficientes, mas que é absolutamente essencial usar nossa inteligência humana para cultivar a sabedoria. O próprio Buda ensinou com base em suas experiências, e nós também devemos começar com nossa própria experiência de sofrimento.

Outros líderes religiosos dizem o mesmo. Jesus Cristo, por exemplo, passou por muitas dificuldades e sofreu terrivelmente, e, no fim, foi crucificado.

Mas acho que os ensinamentos do budismo são mais precisos e mais humanos em sua abordagem do sofrimento.

Cultivando a compaixão

Agora, voltemos à pergunta original sobre como construir uma sociedade altruísta no mundo atual. Podemos sentir raiva? Não é antibudista sentir raiva?

Vejamos a sociedade japonesa. Os líderes japoneses e a população, em geral, têm uma boa educação e possuem uma considerável riqueza material. Nesse estado, eles naturalmente podem não dar tanta atenção à importância de valores humanos mais profundos.

As escolas têm a responsabilidade de educar os jovens, mas não fazem muito para cultivar esses valores. Do jardim de infância à universidade, os aspectos intelectuais da educação são tratados como importantes, mas o sistema educacional nunca se preocupa com esses valores mais profundos.

Cultivar esses valores deve ser tarefa da religião, mas ela está tão preocupada em ganhar dinheiro que se tornou superficial.

O Buda ensinou sobre a importância da compaixão, mas embora os monges estudem esses ensinamentos, eles frequentemente não levam a sério o que fazem. Eles param em um certo nível intelectual e não praticam de verdade o que aprenderam.

Sinto que nosso sistema educacional moderno falha em ensinar suficientemente sobre compaixão.

Chegou a hora de transformar todo esse sistema. A sociedade se forma por meio de seu sistema educacional, mas ele não transmite os valores humanos mais profundos de compaixão e bondade.

Assim, a sociedade inteira vive com essa visão falsa que leva a uma vida superficial, e vivemos como

"UMA SOCIEDADE BASEADA NO DINHEIRO É AGRESSIVA, E AS PESSOAS QUE DETÊM O PODER PODEM INTIMIDAR E SE COMPORTAR DE MANEIRA CRUEL COM OS OUTROS."

máquinas que não precisam de afeto. Nós nos tornamos parte disso. Somos como máquinas.

Isso ocorre porque, atualmente, a sociedade tem o dinheiro como base. Uma sociedade baseada no dinheiro é agressiva, e as pessoas que detêm o poder podem intimidar e se comportar de maneira cruel com os outros. Essa situação provoca uma crescente agitação social. Uma sociedade que depende do dinheiro tem problemas que refletem em suas crenças.

Na realidade, afeto e compaixão não têm ligação direta com o dinheiro. Eles não podem criar dinheiro. Portanto, em uma sociedade que tem o dinheiro como prioridade, as pessoas não levam mais esses valores a sério.

Pessoas em posições de liderança, como políticos, emergiram de uma sociedade dependente do dinheiro. Por isso, é natural que pensem assim e levem a sociedade cada vez mais nessa direção.

"ESSA SITUAÇÃO PROVOCA UMA CRESCENTE AGITAÇÃO SOCIAL."

Nesse tipo de sociedade, as pessoas que valorizam o afeto e a compaixão são tratadas como bobas, enquanto aquelas cuja prioridade é ganhar dinheiro se tornam cada vez mais arrogantes.

Sentir raiva *por causa* daqueles que são tratados injustamente significa que sentimos uma raiva compassiva. Esse tipo de raiva leva à ação correta e à mudança social.

Sentir *raiva das pessoas* que têm poder não cria mudanças. Apenas cria mais raiva, mais ressentimentos e mais brigas.

Fé e desenvolvimento social

Em uma comunidade cheia de afeto e bondade, mesmo que as pessoas sejam materialmente

"SENTIR RAIVA *POR CAUSA* DAQUELES QUE SÃO TRATADOS INJUSTAMENTE SIGNIFICA QUE SENTIMOS UMA RAIVA COMPASSIVA."

"SENTIR *RAIVA DAS PESSOAS* QUE TÊM PODER NÃO CRIA MUDANÇAS. APENAS CRIA MAIS RAIVA, MAIS RESSENTIMENTOS E MAIS BRIGAS."

pobres, podem ser felizes. Por exemplo, embora muitas aldeias no Sri Lanka sejam materialmente pobres, as pessoas se ajudam mutuamente e compartilham suas vidas, e eu já vi muitos exemplos de como vivem felizes apesar da pobreza.

Compare essa situação ao Vale do Silício, na Califórnia, onde vivem muitas pessoas ricas. Apesar de sua aparente riqueza, as pessoas não parecem felizes de verdade. Muitos sofrem de estresse e ansiedade.

Hoje, elas podem ter muito dinheiro, mas se preocupam com o amanhã — temem falir, e enfrentam o estresse e a frustração de viver com uma agenda atribulada.

Essa realidade traz à tona questões complicadas. Riqueza material não necessariamente traz a verdadeira felicidade. Por outro lado, embora seja bom ser feliz em meio à pobreza, os países pobres têm grandes problemas sociais.

Em uma escala macro, devemos preencher a lacuna entre ricos e pobres.

Os budistas com uma fé profunda parecem felizes dentro de suas comunidades, mas no mundo inteiro essa lacuna continua aumentando.

Pessoas cheias de afeto e bondade, que *não* são anuladas pelos desejos materiais, estão ficando mais pobres; enquanto isso, aquelas que estão frustradas e imprudentemente buscam benefícios egoístas estão ficando mais ricas.

O que devemos pensar a respeito disso?

O que vou dizer agora não se baseia em pesquisas sérias, é apenas algo que penso.

Observando a história, minha impressão é que, nos países europeus, há cerca de mil anos, a vida das pessoas era muito difícil. Em países de clima quente, como a África, Índia, China e outras partes da Ásia, frutas e legumes estavam disponíveis o ano todo. Mas os países europeus, ao norte, tinham neve no inverno, então as plantações só podiam ser cultivadas no verão, o que tornava a vida extremamente difícil.

Os países do norte provavelmente também estavam em situação melhor nos tempos antigos, mas conforme sua população gradativamente aumentou — em países com pouca terra, como a Inglaterra, por exemplo —, as condições de vida se tornaram cada vez mais difíceis. Então, eles tiveram que pensar em como obter mais comida de outras terras.

No caso da Inglaterra, por ser uma pequena nação insular, a comida tinha que ser levada de barco, proveniente de outros lugares. E então, para adquirir recursos desses países, eles precisavam de armas.

Os países asiáticos, mais quentes, tinham populações relativamente pequenas, e devido a seu clima, havia disponibilidade de comida durante o ano todo. Portanto, eles não precisavam adquirir recursos de outros países.

Os europeus foram forçados a criar tecnologia devido às difíceis condições climáticas. Eles precisaram pensar em industrialização e tecnologia para sobreviver. Países como Portugal, Espanha, Inglaterra, França e Bélgica se tornaram potências coloniais. Esses pequenos países se industrializaram, obtiveram matérias-primas de outras terras, usaram-nas para fabricar produtos e começaram a vender esses produtos de volta para outros países.

Os países asiáticos, até certo período, não precisavam se preocupar tanto com comida, então viviam de maneira bastante pacífica. Mas quando os imperialistas chegaram, esses países tiveram que viver sob o domínio imperial, o que se tornou um obstáculo para seu desenvolvimento.

Eventualmente, parte da população asiática recebeu uma educação de estilo ocidental, adotou uma maneira de pensar ocidental e importou tecnologias ocidentais, o que levou ao comércio com países ocidentais.

Nos países asiáticos, os negócios existiam localmente, mas a colonização europeia permitiu a expansão para um âmbito internacional. Nos países asiáticos, uma parte da população adotou formas ocidentais de fazer as coisas e enriqueceu, enquanto aqueles que ainda seguiam um estilo de vida antiquado permaneciam pobres.

Globalmente, o padrão de vida nas nações industrializadas chegou a um nível muito mais alto que o das nações exploradas, e esses países se tornaram muito mais poderosos economicamente.

Nessas nações exploradas, os poucos indivíduos que tiveram a oportunidade de adotar um estilo de vida ocidental ficaram ricos, ao passo que os camponeses e aldeões que preservaram o mesmo estilo de vida que tiveram por milhares de anos permaneceram pobres.

Exploração é uma palavra interessante. Acabei de descrever a exploração material.

Mas eu também sou um explorador. Mantenho a posição de alto monge, um grande lama. Se eu não exercer o autocontrole, é possível que explore os outros.

Em minha primeira visita à Mongólia, eles organizaram uma excursão a várias instituições e um museu. No museu, vi o desenho de um lama com uma boca enorme, devorando as pessoas.

Isso foi em 1979, quando a Mongólia ainda era um país comunista. Os comunistas diziam que a religião era uma droga, e toda instituição religiosa era exploradora. Até os monges eram exploradores. Até as doações distribuídas à comunidade monástica eram consideradas uma forma de exploração.

Quando cheguei ao local onde estava esse desenho, vi que os funcionários estavam um pouco nervosos. Eu deliberadamente olhei para a imagem e disse: "É verdade."

Claro que concordo. Não sou apenas socialista, mas também um pouco de esquerda, comunista. Em termos de teoria da economia social, sou marxista. Acho que estou mais para a esquerda do que os líderes chineses. [Gargalhada.] Eles são capitalistas. [Ri de novo.]

Mas essa ideia de exploração nos fez criar um círculo em nossa discussão. Começamos com a seguinte pergunta:

"No mundo real a exploração existe, e há uma grande e injusta lacuna entre ricos e pobres. A questão é, de uma perspectiva budista, como devemos lidar com a desigualdade e a injustiça social? Seria não budista sentir raiva e indignação diante de tais circunstâncias?"

"Como devemos lidar com a desigualdade e a injustiça social? Seria não budista sentir raiva?"

"Eu posso sentir raiva. Mas essa raiva é compaixão."

Sentir raiva

Recentemente, tive uma audiência com um grupo de refugiados vindos da China que acabara de chegar a Dharamsala.

"EU POSSO EXPERIMENTAR A TRISTEZA, O SOFRIMENTO, O ABSURDO E A CRUELDADE DESTE MUNDO. EU POSSO COMPARTILHAR A DOR DOS OUTROS E LAMENTAR COM ELES. SINTO A MESMA RAIVA E INDIGNAÇÃO."

Eram pessoas que haviam arriscado suas vidas para atravessar o Himalaia, sem medo do frio, do mal estar devido à altitude ou do perigo de levar um tiro. Muitos dos que sobrevivem a essa travessia têm que amputar os dedos das mãos ou dos pés por causa do congelamento. Alguns desabam e ficam doentes quando chegam.

Primeiro, eles são tratados em um centro de acolhimento de refugiados, no Nepal, e depois de recuperar as forças, viajam para Dharamsala em grupos de várias dúzias de uma vez. Foi lá que me encontrei com eles.

Foi um momento avassalador para os refugiados que haviam acabado de chegar. Eles tremiam de emoção. No entanto, por trás dessa emoção, certamente havia uma grande tristeza. Quem iria para o exílio se estivesse feliz?

SINTA RAIVA

Suas famílias haviam sido mortas e torturadas. Eles enfrentaram a pobreza e o desespero. Sustentados apenas pela esperança do exílio, eles precisaram arriscar suas vidas para atravessar a fronteira.

Eu também estou no exílio. Conheço a tristeza deles. Conheço o sofrimento deles. Já senti sua tristeza e dor, todo o absurdo e a crueldade que encontraram.

Mas aqui estou agora, e posso rir e falar livremente.

Não é um interruptor emocional que ligo e desligo. Aquela reunião e este momento estão conectados. Posso sentir a tristeza, o sofrimento, o absurdo e a crueldade deste mundo. Posso compartilhar a dor dos outros e lamentar com eles. Sinto a mesma raiva e indignação.

"ESSA RAIVA ME MOTIVA A TRABALHAR MAIS EM MINHA PRÁTICA RELIGIOSA, PARA QUE EU POSSA ENFRENTAR O SOFRIMENTO DIRETAMENTE E ILUMINAR A HUMANIDADE."

Mas, no momento presente, essa raiva me motiva a encontrar as causas do sofrimento do mundo e a trabalhar mais em minha prática religiosa para que eu possa enfrentar esse sofrimento diretamente e iluminar a humanidade.

Faço isso para que, sem explorar a mim, aos refugiados ou recorrer à violência, eu possa ajudar a criar uma sociedade que traga liberdade e felicidade para todas as pessoas.

Eu posso sentir raiva.

Mas essa raiva é compaixão. A experiência de dor e tristeza leva à iluminação e a um profundo desejo de salvação.

Um grande desejo de liberdade emerge. Ir da dor à liberdade ilimitada é o budismo.

Esse é o caminho que o próprio Buda traçou.

Este livro foi composto na tipografia
Futura LT Std, em corpo 11/20,5, e impresso
em papel off-white no Sistema Cameron da
Divisão Gráfica da Distribuidora Record.